la chaise
la shez
chair

la salle de classe
la sal der klass
classroom

la règle
la regl'
ruler

les crayons de couleur
leh cray-oh der cool-err
coloured pencils

l'alphabet
lalfabeh
alphabet

la colle
la koll
glue

le jeu
ler sher
game

le tableau
ler tab-lo
painting

le pinceau
ler pansso
paintbrush

le papier
ler pap-ee-eh
paper

l'élève
lel-ev
pupil

la gomme
la gom
rubber

le sac à dos
ler sak ah doh
rucksack

les peintures
leh pant-yoor
paints

le bureau
ler b-yooro
desk

le poster/
l'affiche
ler postair/lafeesh
poster

le directeur/
la directrice
ler deerek-ter/la deer-ek-trees
head teacher

le crayon
ler kray-o(n)
pencil

3

le cerf-volant
ler sair-volo(n)
kite

la poussette
la poos-et
pushchair

la plume
la pl-yoom
feather

Le parc
ler pah-k
The park

l'arbre
larbr'
tree

le pont
ler po(n)
bridge

le têtard
ler tet-ar
tadpole

**le hibou/
la chouette**
ler eeboo/la shoo-et
owl

le mini-golf
ler meenee golf
mini-golf

la balançoire
la balon-swah
swing

le bâton
ler bato(n)
stick

le toboggan
ler to-bog-o(n)
slide

le poney
ler pon-eh
pony

la balançoire à bascule
la balon-swah ah baskool
see-saw

le bac à sable
ler bak ah sabl'
sandpit

la barque
la bark
rowing boat

le ping-pong
ler peeng-pong
table tennis

les rollers
leh rolair
rollerblades

4

le banc
ler bo(n)
bench

le buisson
ler bweeso(n)
bush

la structure de grimpe
la strook-toor de gramp
climbing frame

la clôture
la klot-yoor
fence

la grenouille
la grenwee
frog

l'ami/l'amie
lamee/lamee
friend

les amis/ les amies
lez-amee/lez-amee
friends

le garçon
ler gar-so(n)
boy

la fille
la fee
girl

l'oie
lwa
goose

le joggeur/ la joggeuse
ler jog-err/la jogerze
jogger

le gardien/ la gardienne de parc
ler gardee-a(n)/ la gardee-en der park
park-keeper

le ruisseau
ler rwee-so
stream

le terrain de jeux
ler tair-ra(n) der sher
playground

le pigeon
ler peesho(n)
pigeon

la corde à sauter
la kord ah so-teh
skipping rope

le tronc d'arbre
ler tro(n) dar-br
log

le kiosque
ler kee-osk
pavilion

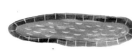

le bassin
ler bassa(n)
paddling pool

la rame
la ram
oar

le perroquet
ler pair-o-*keh*
parrot

le singe
ler sanjsh
monkey

l'abri
labree
shelter

la corde
la kord
rope

l'hippopotame
leepopo*tam*
hippopotamus

l'ours blanc
loors blo(n)
polar bear

le morse
ler morss
walrus

le renne
ler ren
reindeer

Au zoo
o zoh-o
At the zoo

le tigre
ler teegr'
tiger

le zèbre
ler zair-br'
zebra

le lézard
ler lez-*ar*
lizard

le pingouin
ler pangwa(n)
penguin

le serpent
ler *sairpo*(n)
snake

le panda
ler *pon*-da
panda

la loutre
la lootr'
otter

le rhinocéros
ler ree-noss-air-oss
rhinoceros

le suricate
ler s-yooree-*kat*
meerkat

6

la volière
la volee-*air*
aviary

le lion
ler leeo(n)
lion

le koala
ler ko-ah-*la*
koala

le kangourou
ler kongoo-roo
kangaroo

la girafe
la jeer*aff*
giraffe

les animaux
lez anee-*moh*
animals

le cactus
ler kaktoos
cactus

le raton laveur
ler rato(n) laverr
racoon

l'éléphant
leleh-*fo(n)*
elephant

le caméléon
ler kameh-leh-*o(n)*
chameleon

le terrier
ler teh-ree-*eh*
burrow

le gorille
ler gor-ee
gorilla

le crocodile
ler kroko*deel*
crocodile

la chauve-souris
la showv-sooree
bat

le castor
ler kass-*tor*
beaver

le loup
ler loo
wolf

la jungle
la shoon-gl'
jungle

la cage
la kah-sh
cage

le grizzli
ler greez-lee
grizzly bear

7

La ferme

la fairm

The farm

le tracteur
ler trak-*terr*
tractor

la remorque
la *remork*
trailer

le champ
ler sho(m)
field

le balai
ler ba-la-ee
broom

les bottes en caoutchouc
ler bot o(n) *kowt-shoo*
wellington boots

l'abreuvoir
labrer-*vwah*
trough

le chien de berger
ler *sheea*(n) bair-*sheh*
sheepdog

le berger/ la bergère
ler bair-*sheh*/la bair-*shair*
shepherd

l'épouvantail
lepoo-von-*ta*-ee
scarecrow

le foin
ler fwa(n)
hay

la cour
la koor
yard

le rat
ler ra
rat

le lapin
ler lah-*pa*(n)
rabbit

le sac
ler sak
sack

le quad
ler kwad
quadbike

le porcelet
ler por-ser-*leh*
piglet

le cochon
ler koh-*sho*(n)
pig

8

la ruche
la roosh
beehive

le canard
ler kan-*ar*
duck

le caneton
ler kanet-*o(n)*
duckling

la boue
la boo
mud

le veau
ler voh
calf

la vache
la vash
cow

la poule
la pool
chicken

le poussin
ler pooss-*a(n)*
chick

la grange
la gron-sh
barn

le corbeau
ler korbo
crow

le blaireau
le *blair*-o
badger

la ferme
la fairm
farmhouse

le blé
ler bleh
wheat

le verger
ler vair-*sheh*
orchard

la moissonneuse-batteuse
la mwassonerz-baterz
combine harvester

la chèvre
la shevr'
goat

le chevreau
ler *sher*-vro
kid

l'agneau
lan-*yoh*
lamb

le mouton
ler mooto(n)
sheep

le poulain
ler pool-*a(n)*
foal

le cheval
ler sh-*val*
horse

9

la vaisselle
la veh-*sel*
washing-up

les céréales
leh seh-reh-*al*
cereal

La cuisine
la kwee-*zeen*
The kitchen

la théière
la ta*yair*
teapot

le gobelet
ler gob-*leh*
beaker

le lave-linge
ler lav lah-*nsh*
washing machine

l'assiette
lassee-*et*
plate

la soucoupe
la soo-*koop*
saucer

le pain grillé
ler pa(n) gree-*yeh*
toast

les mouchoirs en papier
les moosh*wah* e(n) papee-*eh*
tissues

le couteau
ler koo*toh*
knife

le torchon
ler tor-*sho(n)*
tea towel

la cuillère
la kwee-*yair*
spoon

la table
la tabl'
table

la casserole
la kass-*rol*
saucepan

le thé
ler teh
tea

l'évier
leh-vee-*eh*
sink

le tabouret
ler taboo-*reh*
stool

l'eau
lo
water

10

le café
ler kaf*eh*
coffee

le bavoir
ler bav*wah*
bib

la tasse
la tass
cup

le coquetier
ler koketyeh
egg cup

la fenêtre
la f'*net*-tr
window

le bol
ler bol
bowl

le petit déjeuner
ler p'tee deh-shern-*eh*
breakfast

le tablier
ler tab-lee-*eh*
apron

la cuisinière
la kweezeen-*yair*
cooker

la fourchette
la foor-*shet*
fork

le frigo
ler free-*go*
fridge

le verre
ler *vair*
glass

la chaise haute
la shez oh-t
highchair

les pâtes
leh pat
pasta

le jus d'orange
ler shoo d'or*onsh*
orange juice

le lait
ler leh
milk

la lettre
la letr'
letter

la confiture
la confeet-*yoor*
jam

le wok
ler wok
wok

11

la cabane
la kab-*an*
treehouse

la brouette
la broo-et
wheelbarrow

Le jardin
ler shar*da(n)*
The garden

la fleur
la fler
flower

la feuille
la fer-yee
leaf

le ver de terre
ler vair der tair
worm

l'arrosoir
larozwah
watering-can

le récupérateur
d'eau de pluie
ler rekoopairat-er
doh der plwee
water butt

l'escargot
less-kar-go
snail

le bois
ler bwah
wood

la hache
la ash
axe

le râteau
ler rat-o
rake

l'araignée
laren-yeh
spider

le mur
ler m-yoor
wall

la cabane
la kab-*an*
shed

la scie
la see
saw

la truelle
la troo-ell
trowel

la mare
la mar
pond

l'allée
lal-eh
path

le pommier
ler *pomee-eh*
apple tree

la haie
la ay
hedge

la pelouse
la per-*looz*
lawn

le portail
ler *porta*-ee
gate

le panier
ler *panee-eh*
basket

la branche
la brah-nsh
branch

le garage
ler *garah*-sh
garage

le tas de compost
ler tah der *kompost*
compost

l'herbe
lairb
grass

la serre
la sair
greenhouse

le marteau
ler marto
hammer

la mangeoire
la monsh-*wah*
bird feeder

le tuyau
ler *twee-yo*
hose

la tondeuse
la tond-*erz*
lawnmower

le clou
ler kloo
nail

la boîte à outils
la bwat ah ootee
toolbox

le pot de fleurs
ler po der fler
plant pot

le potager
la poh-taj*air*
vegetable garden

le chaton
ler shat-o(n)
kitten

l'échelle
leh-*shel*
ladder

13

La salle de bains et la chambre

la sal der ba(n) eh la shombr'

The bedroom and the bathroom

la douche
la doosh
shower

la serviette
la sairvee-*et*
towel

le lavabo
le lavabo
washbasin

le dentifrice
ler dontee-*frees*
toothpaste

la brosse à dents
la bross ah *do(n)*
toothbrush

la cuvette de WC
la koo-*vet* der veh-seh
toilet

le papier toilette
ler papee-*eh* twah-*let*
toilet paper

le réveil
ler reh-vey
alarm clock

la baignoire
la beyn-*nwah*
bath

l'éponge
lep-*onsh*
sponge

le savon
ler savo(n)
soap

le shampooing
ler shom-*pwang*
shampoo

le drap
ler drah
sheet

l'oreiller
lorayeh
pillow

le portable
ler port*abl'*
mobile phone

14

le nounours
ler noo-noors
teddy bear

le lit
ler lee
bed

la table de chevet
la tabl' der sher-veh
bedside table

la commode
la komod
chest of drawers

la couverture
la koovairt-yoor
blanket

l'armoire
larm-wah
wardrobe

le lit de bébé
ler lee der beh-beh
cot

les rideaux
leh reed-o
curtains

la lampe de table
la lomp der tabl'
desk lamp

la couette
la koo-et
duvet

la brosse à cheveux
la bross ah sh-ver
hairbrush

le hamster
ler amstair
hamster

le miroir
ler meerwah
mirror

le tapis
ler tapee
mat

la boîte à bijoux
la bwot ah bee-shoo
jewellery box

les écouteurs
lez ekooter
headphones

la maison
la mezo(n)
house

le peigne
ler peh-ny'
comb

la malle
la mal
trunk

15

À la maison
ah la *mezo*(n)
At home

l'appartement
lappa-ter-*mo*(n)
apartment

les meubles
leh mer-bl'
furniture

le téléphone
ler teh-leh-*fon*
telephone

l'aspirateur
lass-peerat-*err*
vacuum cleaner

la télévision
la teh-leh-veezee-o(n)
television

le trou de souris
ler troo deh sooree
mouse hole

les taches
leh tash
stains

les haut-parleurs
leh oh-parl-*err*
speakers

le canapé
ler kanap-*eh*
sofa

le salon
ler sah-*lo*(n)
sitting room

la radio
la radee-o
radio

le tapis
ler tapee
rug

le chien
ler shee-*ah*
dog

le pichet d'eau
ler pee-sheh *doh*
jug of water

le repose-pieds
ler repos-pee-eh
footstool

le tableau
ler ta*blo*
picture

16

la bouteille
la booteh-ee
bottle

la serviette
la sairvee-et
napkin

le plafond
ler plaf-o(n)
ceiling

le dessous de verre
ler der-soo der vair
coaster

le placard
ler plak-ar
cupboard

le coussin
ler kooss-a(n)
cushion

la salle à manger
la sal ah monsheh
dining room

le chiot
ler shee-oh
puppy

le buffet
ler boofeh
dresser

le DVD
ler deh veh deh
DVD

la plante
la plont
plant

le fauteuil
ler fot-er-yee
armchair

le vase
ler vaz
vase

le sol
ler sol
floor

la clé
la kleh
key

la télécommande
la tele-komond
remote control

le chat
ler shah
cat

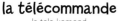
la souris
la soo-ree
mouse

le repas
ler rer-pah
meal

le portable
ler portabl'
laptop

l'abat-jour
labah-shoor
lampshade

le lampadaire
ler lompadair
lamp

17

La plage et le monde sous-marin

la plah-sh eh ler mond soo-mar*a(n)*

The beach and under the sea

le phare
ler far
lighthouse

la mouette
la moo-*et*
seagull

la baleine
la ba*len*
whale

la vague
la vag
wave

**le maillot
de bain**
ler ma-yo der ba(n)
swimming
costume

**le gilet de
sauvetage**
ler shee-*leh* d'sowv-*taj*
lifejacket

les lunettes de soleil
leh loo*net* der solay
sunglasses

la crème solaire
la krem so*lair*
suncream

la pelle
la pel
spade

**le château
de sable**
ler shato der sabl'
sandcastle

le coquillage
ler kokee*ah-sh*
shell

le requin
ler rek-*a(n)*
shark

l'étoile de mer
let-*wal* der mair
starfish

l'algue
lalg
seaweed

**la planche
de surf**
la plonsh der soorf
surfboard

**le surfeur/
la surfeuse**
ler soorfer/la soorferz
surfer

18

le crabe
ler krab
crab

le seau
ler so
bucket

la bouée
la boo-eh
buoy

le bateau de pêche
ler bato der pesh
fishing boat

les frites
leh freet
chips

la chaise longue
la shez lon-g
deckchair

le parasol
ler parasol
beach umbrella

la falaise
la fal-ez
cliff

**le plongeur/
la plongeuse**
ler plonsh-er/
la plonsh-erz
diver

le corail
ler kora-ee
coral

le dauphin
ler doh-fa(n)
dolphin

le poisson
ler pwah-so(n)
fish

**la barbe
à papa**
la barb ah papa
candyfloss

la méduse
la medooz
jellyfish

le sable
ler sabl'
sand

la pieuvre
la pee-er-vr'
octopus

l'épave
lep-av
wreck

le homard
ler omar
lobster

le ballon
ler bal-o(n)
beach ball

le yacht
ler yot
yacht

la bouée
la boo-eh
rubber ring

le dériveur
ler dairee-ver
dinghy

19

À la campagne

ah la kam*pa*-een

In the countryside

le terrain de camping
ler tera(n) der kompeeng
campsite

la canne
la kan
walking stick

les chaussures de marche
les shoh-ss-yoor der *marsh*
walking boots

la piste
la peest
track

le vignoble
ler veen-yobl'
vineyard

la tente
la tont
tent

la rivière
la reevee-*air*
river

la cascade
la kas*kad*
waterfall

l'écureuil
lekoo-rer-ee
squirrel

le poteau indicateur
ler poto andeekat-*err*
signpost

le pique-nique
ler peek-*neek*
picnic

le sandwich
ler sond*weech*
sandwich

le scarabée
ler skara-*beh*
beetle

les jumelles
leh shoo-*mel*
binoculars

le rocher
ler ros*heh*
rock

la pagaie
la pag-*eh*
paddle

le VTT
ler veh teh *teh*
mountain bike

l'oiseau
lwaz-o
bird

l'ours brun
loorss-*bra(n)*
brown bear

le papillon
ler papee-o*(n)*
butterfly

les cailloux
leh ka-yoo
stones

la grue
la groo
crane

le canoë
ler kan-o-eh
canoe

la chenille
la sher-*nee*
caterpillar

le cygne
ler see-ny'
swan

le bébé cygne
ler beh-beh *see-ny'*
cygnet

le cerf
ler sair(f)
deer

le feu
ler fer
fire

la pêche
lah pesh
fishing

la mouche
la moosh
fly

la forêt
la foreh
forest

le renard
ler ren-*ar*
fox

la montagne
la mon-*ta*-een
mountain

le moustique
ler *mooss*-teek
mosquito

la carte
la kart
map

le lac
ler lak
lake

les vacances
leh vakons
holiday

la colline
la koleen
hill

La librairie et le magasin de jouets

la leebrair-ee eh ler magaza(n) der joo-eh

The bookshop and the toyshop

les cubes
leh kube
blocks

le xylophone
ler kseelo-*fon*
xylophone

la trompette
la tromp-*et*
trumpet

le tricycle
ler tree-see-kl'
tricycle

les jouets
leh shoo-*eh*
toys

la caisse
la kess
till

le costume de super-héros
ler kost-*yoom* der sooper-airo
superhero costume

les dés
leh deh
dice

le robot
ler rob-ot
robot

le livre de contes
ler leevr' der kont
storybook

la maquette d'avion
la ma*ket* davee-o(n)
model aeroplane

le puzzle
ler puh-zl'
jigsaw

le magasin
ler maga-za(n)
shelf

le cheval à bascule
ler sh-*val* ah bask-*yool*
rocking horse

22

le livre
ler leevr'
book

les peluches
leh pel*oosh*
cuddly toys

les cymbales
leh *sambal*
cymbals

le château
ler shato
castle

le tambour
ler tom*boor*
drum

le dictionnaire
ler deexee-on-*air*
dictionary

la maison de poupée
la mezo(n) der poo-*peh*
doll's house

la poupée
la poo-*peh*
doll

les dominos
les domeen-*o*
dominoes

les échasses
lezeh-*shass*
stilts

le globe
ler glob
globe

la guitare
la geet-*ar*
guitar

les marionnettes
leh maree-on-*et*
puppets

le porte-monnaie
ler port-mon*eh*
purse

la flûte à bec
la fl-yoot ah bek
recorder

le petit train
ler p'tee tra(n)
toy train

**le coffret de
tours de magie**
ler kof*reh* der toor der mashee
magic set

l'argent
lar*sho*(n)
money

l'étagère
ler maga-za(n)
shop

23

les véhicules
leh veh-eek-yool
vehicles

la camionnette
la kameeo-net
van

le tunnel
ler toon-el
tunnel

le bateau
ler bato
boat

le billet
ler bee-yeh
ticket

le ferry
ler fairee
ferry

le port
ler por
port

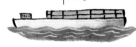

le porte-conteneurs
ler port-konten-er
container ship

la valise
la valeez
suitcase

la signalisation
la seen-yal-eezassee-yo(n)
signal

Les transports

leh tronspor

Transport

l'aéroport
la-airo-por
airport

le bateau
ler bato
ship

le siège
ler see-eh-sh
seat

le train
ler tra(n)
train

les rails
leh rah-yee
rails

la gare
la gar
rail station

le passage à niveau
ler passah-sh ah neevo
level crossing

l'avion
lavee-o(n)
aeroplane

la pelleteuse
la pelet-erz
digger

le camion-benne
ler kamee-o(n) ben
dumper truck

la brique
la breek
brick

le bulldozer
ler bool-doh-zair
bulldozer

l'hélicoptère
lelee-koptair
helicopter

la bétonnière
la beton-yair
cement mixer

l'échafaudage
leh-shafo-dah-sh
scaffolding

l'escalator
less-kalator
escalator

l'autobus
low-toh-boos
bus

**le camion
de pompier**
ler kamee-o(n) der pompee-eh
fire engine

l'ascenseur
lass-ens-err
lift

le quai
ler keh
platform

la moto
la moh-to
motorbike

la voiture de police
la vwot-yoor der polees
police car

les bagages
leh bagah-sh
luggage

le camion
ler kamee-o(n)
lorry

le chantier
ler shontee-yeh
building site

25

En ville

en vee-uh

In town

le rond-point
ler ron-*pwah*
roundabout

le facteur
ler fact-*err*
postman

la sacoche du postier
la sa*kosh* doo postee-*eh*
postbag

la boîte à lettres
la bwat a letr'
postbox

la poste
la post
post office

les feux
leh fer
traffic lights

la boulangerie
la bool-onsh-airee
bakery

le passage pour piétons
ler pass*ah*-sh poor pee-et-o(n)
pedestrian crossing

l'animalerie
lanee-mal-airee
petshop

la rue
la roo
road

les toilettes
leh twah-let
toilets

le parapluie
ler parah-*plwee*
umbrella

l'étal
letal
stall

le cinéma
ler seenem-*a*
cinema

le restaurant
ler resto-*ro*(n)
restaurant

la voiture
la vwot-*yoor*
car

l'usine
l'yoo-*zeen*
factory

la bicyclette
la beesee-*klet*
bicycle

la poubelle
la poo-*bel*
bin

le trottoir
ler trot*wah*
pavement

le drapeau
ler drap-o
flag

la boucherie
la booshair-ee
butcher's

le café
ler ka*feh*
café

la pharmacie
la farmas-*see*
chemist

la banque
la bonk
bank

l'hôtel
lotel
hotel

la bibliothèque
la beeblee-o-tek
library

la station-service
la stass-ee-o(n) serveess
petrol station

l'arrêt d'autobus
larreh doto-*boos*
bus stop

le bureau
ler b'yoor-o
office

le musée
ler moozeh
museum

le panneau
ler pan-o
road sign

le marché
ler mar-*sheh*
market

27

la sorcière
la sorsee-*air*
witch

le diadème
ler dee-*adem*
tiara

La fête
la fet
Party

les saucisses
leh so-seess
sausages

le ballon
ler bal-o(n)
balloon

le violon
ler vee-o-*lo(n)*
violin

le serpentin
ler ser-pen-ta(n)
streamer

la reine
la ren
queen

la princesse
la pra(n)-sess
princess

le prince
ler pra(n)-ss
prince

la sirène
la see-*ren*
mermaid

le pirate
ler peer-*at*
pirate

le chapeau de fête
ler shapo der fet
party hat

la robe de bal
la rob der bal
party dress

le sans-gêne
ler so(n) shen
party blower

le géant
ler sheh-o(n)
giant

la musique
la moo-seek
music

28

les cupcakes
leh kop-kek
cupcakes

les perles
leh pairl
beads

la glace
la glas
ice-cream

la pizza
la peet-sah
pizza

le cadeau
ler kad-o
present

le chocolat
ler shokola
chocolate

la fée
la feh
fairy

le coca
ler koka
cola

la couronne
la koor-on
crown

la bougie
la boo-shee
candle

le chevalier
ler sh'valee-yeh
knight

la cape
la kap
cloak

les ballerines
leh bah-leh-reen
ballet shoes

le djinn
ler jeen
genie

le roi
le rwah
king

le jus de fruits
ler shoo der frwee
fruit juice

la baguette magique
la bag-et masheek
magic wand

la limonade
la leemon-ad
lemonade

la sucette
la soo-set
lollipop

la lanterne magique
la lantairn masheek
magic lamp

le dragon
ler drago(n)
dragon

les légumes
leh leg-*yoom*
vegetables

Le supermarché
ler soopermarsh-*eh*
The supermarket

la pomme
la pom
apple

le yaourt
ler yah-*oort*
yogurt

le chariot
ler sharee-*oh*
trolley

la tomate
la tom-*at*
tomato

la fraise
la frez
strawberry

le sac à provisions
ler sak ah provee-see-*yo(n)*
shopping bag

la salade
la sal-*ad*
salad

le riz
ler ree
rice

la pomme
de terre
la pom der *tair*
potato

l'ananas
lan-ah-*na[ss]*
pineapple

la poire
la pwah
pear

la pêche
la pesh
peach

l'orange
loronsh
orange

l'oignon
lonyon
onion

la mangue
la *mon*-g
mango

le citron
ler seet-*ro(n)*
lemon

la laitue
la layt-*yoo*
lettuce

30

l'aubergine
loh-bair-sheen
aubergine

la banane
la ban-an
banana

les biscuits
leh beesk-wee
biscuits

le pain
ler pa(n)
bread

le beurre
ler ber
butter

le chou
ler shoo
cabbage

le gâteau
ler gatoh
cake

la carotte
la karot
carrot

le céleri
ler seler-ree
celery

le fromage
ler fromah-sh
cheese

la cerise
la seh-reez
cherry

le poulet
ler poo-leh
chicken

le maïs
ler my-eess
corn

la courgette
la kor-shet
courgette

le concombre
ler ko(n)-kombr'
cucumber

le kiwi
ler kee-wee
kiwi

le jambon
ler shom-bo(n)n
ham

les raisins
leh ray-za(n)
grapes

les fruits
leh frwee
fruit

la nourriture
la nooreet-yoor
food

le poisson
ler pwass-o(n)
fish

les œufs
leh zerf
eggs

Au complexe sportif

At the sports centre

le sport
ler spor
sport

le yoga
ler yoga
yoga

le sifflet
ler seefleh
whistle

le fauteuil roulant
ler foter-ee rool-o(n)
wheelchair

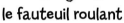

**le court
de tennis**
ler koor der ten-eess
tennis court

le tennis
ler ten-eess
tennis

l'équipe
leh-keep
team

le starting-block
ler starteen blok
starting block

**les affaires
de sport**
lezafair der spor
sports kit

la course
la koors
race

le sac de sport
ler sak der spor
sports bag

la piscine
la peess-een
swimming-pool

la natation
la natass-ee-yo(n)
swimming

les skis
leh skee
skis

le ski
ler skee
skiing

le volant
ler volo(n)
shuttlecock

32

l'aérobic
la-eh-roh-beek
aerobics

le badminton
ler badmeen-to(n)
badminton

l'athlétisme
lat-leh-tees-m
athletics

le basket
ler bass-ket
basketball

le vestiaire
ler vestee-air
changing-room

le match de foot
ler match der foot
football match

le plongeoir
ler plonshwa
diving board

le ballon de foot
ler ba-lo(n) der foot
football

la raquette
la rak-et
racket

l'entraîneur/
l'entraîneuse
lontren-err/lontren-erz
coach

la balle
la bal
ball

les lunettes
de natation
leh loon-et der natassee-o(n)
goggles

la gymnastique
la jeem-nass-teek
gymnastics

le tableau
d'affichage
ler tab-lo dafeesh-ah-sh
scoreboard

le sauna
ler so-na
sauna

l'arbitre
larbeetr'
referee

le gardien/
la gardienne de but
ler gardee-a(n)/la gardee-en de boo
goalkeeper

le saut en hauteur
ler so e(n) ot-err
high jump

le saut en longueur
ler so e(n) long-err
long jump

33

Les mots d'action

leh mo daksee-o(n)

Doing words

se tenir debout
ser t'neer d'boo
standing

regarder la télé
r'gar-deh la teh-leh
watching TV

parler
parleh
talking

cuisiner
kweezeen-eh
cooking

s'asseoir
sass-swah
sitting

se laver les dents
ser laveh leh do(n)
cleaning your teeth

porter
porteh
carrying

march
marsh-eh
walking

pousser
pooss-eh
pushing

tirer
teer-eh
pulling

montrer du doigt
montreh doo dwah
pointing

jouer
shoo-eh
playing

faire de la peinture
fair der la pant-yoor
painting

sauter
sow-teh
jumping

34

lire
leer
reading

chanter
shon-teh
singing

dessiner
des-een-eh
drawing

écrire
ek-reer
writing

marcher à quatre pattes
marsheh ah katr' pat
crawling

faire du vélo
fair doo veh-lo
cycling

danser
don-seh
dancing

faire la roue
fair la roo
doing a cartwheel

faire l'arbre droit
fair larbr' drwah
doing a handstand

faire des galipettes
fair deh galee-pet
doing somersaults

grimper
gram-peh
climbing

boire
bwah
drinking

manger
monsh-eh
eating

embrasser
ombrass-eh
kissing

faire un câlin
fair ah(n) kal-a(n)
cuddling

se laver
ser laveh
having a wash

courir
koo-reer
running

s'endormir
son-dormeer
going to sleep

se lever
ser l'veh
getting up

35

Ton corps

to(n) kor

Your body

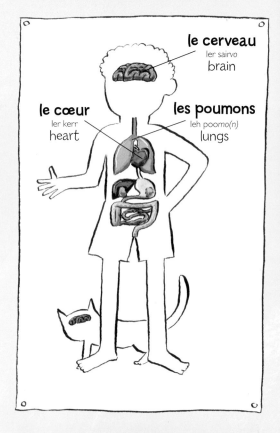

le cerveau
ler sairvo
brain

le cœur
ler kerr
heart

les poumons
leh poomo(n)
lungs

la tête
la tet
head

l'oreille
loray
ear

la joue
la shoo
cheek

la lèvre
la levr'
lip

la bouche
la boosh
mouth

les dents
leh do(n)
teeth

le menton
ler monto(n)
chin

le bras
ler brah
arm

la poitrine
la pwat-reen
chest

la main
la ma(n)
hand

les ongles
lez-ongl'
nails

la cheville
la shervee
ankle

le dos
le doh
back

36

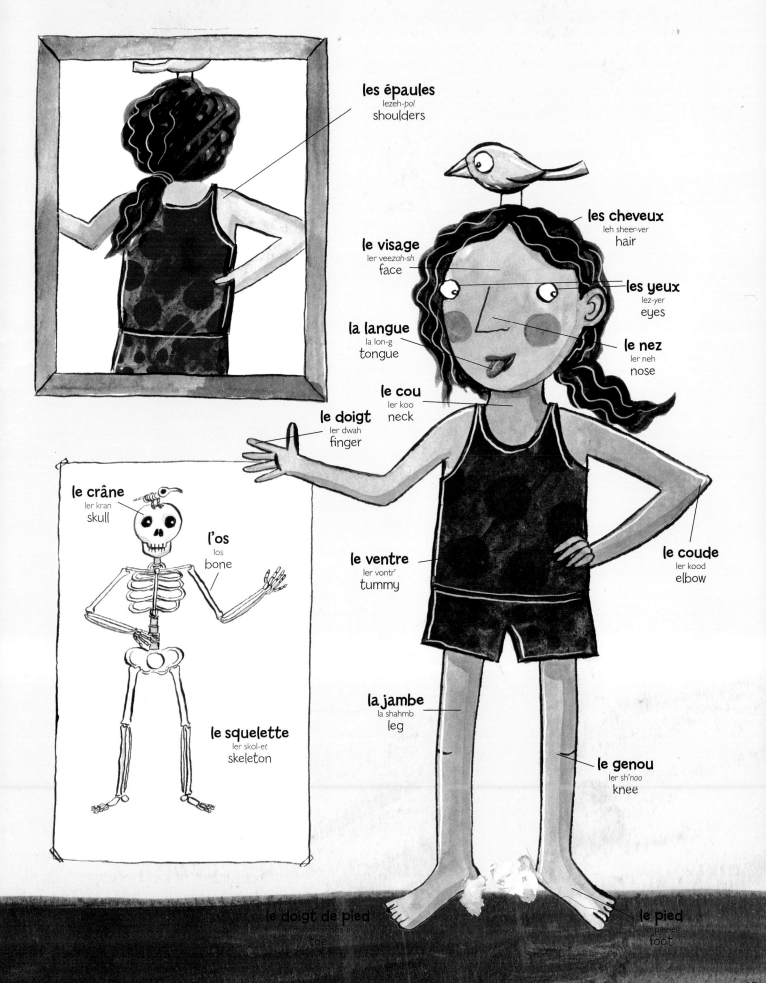

les épaules
lezeh-*pol*
shoulders

les cheveux
leh sheer-*ver*
hair

le visage
ler vee*zah*-sh
face

les yeux
lez-*yer*
eyes

la langue
la lon-g
tongue

le nez
ler neh
nose

le cou
ler koo
neck

le doigt
ler dwah
finger

le crâne
ler kran
skull

l'os
los
bone

le ventre
ler vontr'
tummy

le coude
ler kood
elbow

le squelette
ler skol-*et*
skeleton

la jambe
la shahmb
leg

le genou
ler sh'*noo*
knee

le doigt de pied
ler dwah der pee-*eh*
toe

le pied
ler pee-*eh*
foot

37

Les couleurs et les formes

leh kool-*err* eh leh form

Colours and shapes

le chevalet
ler *shervaleh*
easel

la palette
la pal-*et*
palette

la sculpture
la skoolpt-*yoor*
sculpture

le triangle
ler tree-*angl'*
triangle

le cadre
ler kadr'
frame

le cube
ler k-yoob
cube

le cercle
ler ser-kl'
circle

le croissant
ler krwass-o(n)
crescent

le carré
ler ka-*reh*
square

l'arc-en-ciel
larkon-see-*el*
rainbow

le rectangle
ler rektongl'
rectangle

la sphère
la sfair
sphere

le cylindre
ler seeleendr'
cylinder

la pyramide
la peera*meed*
pyramid

l'hexagone
leksagon
hexagon

oval/ovale
o-*val*/o-*val*
oval

38

blanc/blanche
blo(n)/blonsh
white

noir/noire
nwahr/nwahr
black

bleu/bleue
bl'/bl'
blue

jaune
shown
yellow

marron
mah-ro(n)
brown

violet/violette
veeo-leh/veeo-let
violet

l'artiste
larteest
artist

turquoise
toor-kwaz
turquoise

violet/violette
veeoh-leh/veeoh-let
purple

rose
roz
pink

rouge
roosh
red

l'or
lor
gold

l'argent
lar-sho(n)
silver

vert/verte
vair/vairt
green

la galerie d'art
la galair-ee dar
art gallery

transparent
tronsparo(n)
transparent

pâle
pal
pale

orange
oronsh
orange

multicolore
mooltee-kolor
multicoloured

gris/grise
gree/greez
grey

39

L'arbre généalogique

larbr' sheneh-allo-*sheek*

Family tree

les grands-parents
leh gro(n)-par-*ro(n)*
grandparents

le grand-oncle
ler gro(n) onkl'
great-uncle

papy
papee
grandpa

le grand-père
ler gro(n)-*pair*
grandfather

mamie
mamee
grandma

la grand-mère
la gro(n)-*mair*
grandmother

la tante
la tont
aunt

l'oncle
lonkl'
uncle

**les cousins/
les cousines**
leh kooza(n)/leh koozeen
cousins

la nièce
la nee-ess
niece

le neveu
ler ner-ver
nephew

40

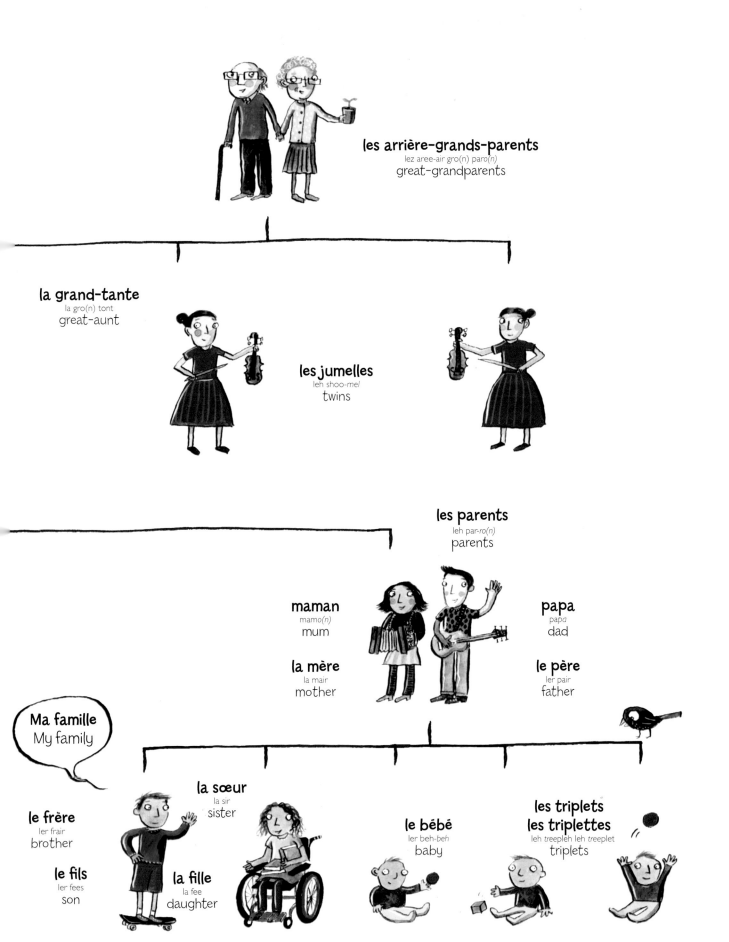

les arrière-grands-parents
lez aree-air gro(n) paro(n)
great-grandparents

la grand-tante
la gro(n) tont
great-aunt

les jumelles
leh shoo-*mel*
twins

les parents
leh par-*ro(n)*
parents

maman
mamo(*n*)
mum

la mère
la mair
mother

papa
pa*pa*
dad

le père
ler pair
father

Ma famille
My family

le frère
ler frair
brother

le fils
ler fees
son

la sœur
la sir
sister

la fille
la fee
daughter

le bébé
ler beh-*beh*
baby

les triplets
les triplettes
leh *treepleh* leh *treeplet*
triplets

À l'hôpital

ah lopee-*tal*

At the hospital

l'hôpital
lopee-*tal*
hospital

**le chirurgien/
la chirurgienne**
ler keeroor-shee-*a(n)*/
la keeroor-shee-*en*
surgeon

les visiteurs
leh veezeet-*err*
visitors

le mal au ventre
ler mal o vontr'
tummy ache

le tube
ler t'yoob
tube

la salle d'opération
la sal dop-airass-ee-o*(n)*
operating theatre

l'ambulance
lamboolonss
ambulance

le stéthoscope
la stethoss-*kop*
stethoscope

les comprimés
leh kompree-*meh*
tablets

les points de suture
leh pwa(n) ders yoot-yoor
stitches

la salle d'attente
la sal dat-*ont*
waiting-room

le mal de tête
ler mal der tet
headache

l'accident
laksee-do(n)
accident

le bandage
ler bondah-sh
bandage

le bip-bip
ler beep-beep
bleeper/pager

le dossier médical
ler dossee-eh medeekal
chart

les instruments
lezan-stroo-mo(n)
instruments

le couloir
ler kool-wah
corridor

le médecin
ler medsa(n)
doctor

le thermomètre
ler tair-mo-metr'
thermometer

l'appareil de radiographie
lapareh-ee der radee-o-graf-ee
x-ray machine

la piqûre
la peek-yoor
injection

les béquilles
leh bekee
crutches

le médicament
ler medeeka-mo(n)
medicine

la cafétéria
la kafeh-teh-reea
snack bar

l'écharpe
leh-sharp
sling

le sparadrap
ler spa-rah-drah
plaster

l'opération
lop-airass-ee-o(n)
operation

le mal aux dents
ler mal o do(n)
toothache

la radio
la radee-o
x-ray

l'infirmier/ l'infirmière
lanfeerm-ee-eh/lanfeerm-ee-air
nurse

43

Les métiers

leh metee-eh

Jobs

le magicien
ler mashee-see-a(n)
magician

le scientifique
ler see-on-tee-feek
scientist

There is a different word for many of these jobs depending on whether you are a boy or a girl. They are all in the word list at the back of the book. On this page, you will find the version that goes with the picture.

la gardienne de zoo
la gardee-en der zoh-o
zookeeper

le vendeur
ler vond-err
sales assistant

la danseuse
la donss-erz
dancer

le contrôleur
ler kontrol-err
ticket collector

le chauffeur de taxi
ler showf-err der taksee
taxi-driver

la secrétaire
la s'kret-air
secretary

la vétérinaire
la vet-eh-reen-air
vet

l'éboueuse
leb-oo-erz
refuse collector

le chef de cuisine
ler shef der kwee-zeen
chef

la pop star
la pop star
popstar

la policière
la polees-ee-air
police officer

la plombière
la plomb-ee-air
plumber

44

le boulanger
ler boolonsh-*eh*
baker

**l'entrepreneur
du bâtiment**
lontr'prn-*err* doo batee-mo(n)
builder

**le conducteur
de bus**
ler kond-yookt-*err* der boos
bus driver

**le conducteur
de train**
le kond-yookt-*err* der tra(n)
train driver

la dentiste
la dont-*eest*
dentist

l'électricien
lelek-treess-ee-*a(n)*
electrician

le boucher
ler boosh-*eh*
butcher

l'agriculteur
lagree-koolt-*err*
farmer

le pompier
ler pom-pee-*eh*
firefighter

l'hôtesse de l'air
lotess der lair
flight attendant

le footballeur
ler footbol-*err*
footballer

le jardinier
ler shardeen-ee-*eh*
gardener

le pilote
ler peel-*ot*
pilot

**la femme
chauffeur routier**
lah fam showf-*err* rootee-*eh*
lorry driver

**le surveillant
de baignade**
ler soorvay-o(n)
der bay-n'yad
lifeguard

l'avocat
lavo-*ka*
lawyer

la coiffeuse
la kwaf-*erz*
hairdresser

45

Les nombres Numbers

Leh *nom*-brah

How many . . . can you find?

20 vingt
vah(n)
twenty

19 dix-neuf
dees-nerf
nineteen

18 dix-huit
dees-weet
eighteen

17 dix-sept
dees-set
seventeen

16 seize
sez
sixteen

15 quinze
kanz
fifteen

14 quatorze
kat-orz
fourteen

13 treize
trez
thirteen

 **1 un**
ahn
one

 **2 deux**
der
two

 **3 trois**
trwah
three

 4 quatre
katr'
four

 5 cinq
sank
five

 **6 six**
seess
six

 **7 sept**
set
seven

 **8 huit**
weet
eight

 **9 neuf**
nerf
nine

 **12 douze**
dooz
twelve

 **11 onze**
onz
eleven

 **10 dix**
deess
ten

lent/lente
lo(n)/lont
slow

rapide
rapeed
fast

Les contraires

leh kon*trair*

Opposites

en colère
on ko*lair*
angry

calme
kalm
calm

en désordre
ondeh-*sordr'*
messy

soigné/soignée
swah-neay/swah-neay
tidy

mouillé/mouillée
mwee-yeh/mwee-yeh
wet

**sec/
sèche**
sek/seh-sh
dry

bruyant/bruyante
brwee-yo(n)/brwee-yont
noisy

silencieux/silencieuse
see-lensee-yer/see-lensee-yers
quiet

triste
treest
sad

heureux/heureuse
err-err/err-erz
happy

**long/
longue**
lo(ng)/long
long

**petit/
petite**
p'tee/p'teet
short

malade
malad
ill

**en bonne
santé**
ah(n) bo(n) sonteh
healthy

48

mauvais/mauvaise
moveh/movez
bad

bon/bonne
bo(n)/bon
good

beau/belle
bo/bel
beautiful

laid/laide
leh/led
ugly

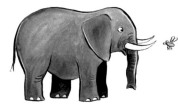
grand/grande
gron/grond
big

petit/petite
p'tee/p'teet
small

sale
sal
dirty

propre
propr'
clean

**premier/
première**
premee-eh/premee-air
first

dernier/dernière
dairnee-eh/dairnee-air
last

vieux/vieille
vee-er/vee-ay
old

jeune
shern
young

léger/légère
leh-sheh/leh-shair
light

différent/différente
deefair-o(n)/deefair-ont
different

même
mem
same

froid
frwah
cold

chaud
show
hot

vide
veed
empty

plein/pleine
pla(n)/plen
full

lourd/lourde
loor/loord
heavy

49

L'espace, le temps et les saisons

lesspa-ss, ler to(n) eh leh sezo(n)

Space, weather and seasons

l'astronaute
lastro-*not*
astronaut

l'extraterre
lextra-tair-es
alien

l'hiver
lee-*vair*
winter

le vent
ler voh
wind

l'orage
lor-*ah*-sh
storm

la tornade
la tor-*nad*
tornado

le soleil
ler sol-*ay*
sun

l'étoile
let-*wal*
star

l'été
leh-*teh*
summer

l'océan
lo-seh-o(n)
ocean

la navette spatiale
la nav-et spass-ee-*al*
space shuttle

le bonhomme de neige
ler bonom der nair'sh
snowman

la neige
la nair'sh
snow

le ciel
ler see-*el*
sky

l'astéroïde
lastair-*oyd*
asteroid

l'OVNI
lov-nee
UFO

le continent
ler kontee-no(n)
continent

le nuage
ler noo-*ah*-sh
cloud

la comète
la kom-*et*
comet

l'automne
lot-*on*
autumn

la Terre
la tair
Earth

le brouillard
ler brwee-*ar*
fog

la galaxie
la galaxee
galaxy

la grêle
la grel
hail

la glace
la glah-ss
ice

les éclairs
lezeh-*klair*
lightning

la lune
la l'yoon
moon

le satellite
ler satel-*eet*
satellite

la fusée
la f'yoo-seh
rocket

la pluie
la plwee
rain

l'orbite
lorbeet
orbit

les planètes
leh plan-et
planets

le printemps
ler pra(n)-*tom*
spring

Nos vêtements

no vet*mo(n)*

Our clothes

le sac à main
ler sak ah *ma(n)*
handbag

la montre
la montr'
watch

le bracelet
ler brasser-*leh*
bracelet

la chemise
la shem-eez
shirt

le pantalon
ler ponta-*lo(n)*
trousers

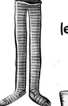
le collant
ler kol-o*(n)*
tights

le tee-shirt
ler tee-*shirt*
T-shirt

le pyjama
ler peeshah-*mah*
pyjamas

les chaussons
leh showss-o*(n)*
slippers

le short
ler short
shorts

la ceinture
la sont-*yoor*
belt

l'écharpe
leh*sharp*
scarf

les chaussettes
leh show-*set*
socks

le gilet
ler shee-*leh*
waistcoat

les sandales
leh sand-*al*
sandals

la bague
la bah-g
ring

les chaussures
leh showss-*yoor*
shoes

le poncho
ler po(n)-sho
poncho

52

les bottes
leh bot
boots

la jupe
la shoop
skirt

la casquette
la kasket
cap

le cardigan
ler kar-dee-go(n)
cardigan

le sac
ler sak
bag

la robe
la rob
dress

les chaussures de football
leh showss-yoor der footbol
football boots

les lunettes
leh l'yoon-et
glasses

les gants
leh go(n)
gloves

le manteau
ler monto
coat

la veste
la vest
jacket

le chapeau
ler shapo
hat

le pull
ler pool
jumper

le maquillage
ler makee-ah-sh
make-up

la poche
la posh
pocket

le slip
ler sleep
pants

la chemise de nuit
la sh'meez der nwee
nightdress

le collier
ler kolee-eh
necklace

le vernis à ongles
ler vairnee ah ongl'
nail varnish

53

Mots supplémentaires

mo soop-leh-montair

Additional words

Here are some words that you will find useful as you practise your French at home.
They did not make it into the illustrated scenes in the book so they are gathered here for reference.
These words also appear in the word lists at the back of the book.

à gauche *ah goh-sh* left	**à droite** *ah drwat* right	**devant** *d'vo(n)* in front of	**Madame** *mad-am* Mrs.	**Monsieur** *m'ss-yer* Mr.	**le nom** *ler nom* name
moi *m'/mwah* me	**tu/vous** *t'yoo/voo* you	**elle** *el* she	**la** *la* her	**il** *eel* he	**le** *ler* him
janvier *shon-vee-ay* January	**février** *feh-vree-ay* February	**mars** *marss* March	**avril** *av-reel* April	**mai** *may* May	**juin** *sh-wa(n)* June
juillet *shwee-ay* July	**août** *oot* August	**septembre** *sep-tom-br'* September	**octobre** *ok-tobr'* October	**novembre** *no-vom-br'* November	**décembre** *deh-som-br'* December
lundi *lern-dee* Monday	**mardi** *mar-dee* Tuesday	**mercredi** *mair-kr'-dee* Wednesday	**jeudi** *sher-dee* Thursday	**vendredi** *vondr'-dee* Friday	**samedi** *samdee* Saturday
dimanche *dee-monsh* Sunday	**aujourd'hui** *oh-shoor-dwee* today	**hier** *eeyair* yesterday	**le matin** *ler mat-a(n)* morning	**l'après-midi** *lap-reh meedee* afternoon	**la nuit** *la nwee* night
les jours *leh shoor* days	**les mois** *leh mwah* months	**l'année** *lanneh* year	**l'anniversaire** *laneevers-air* birthday	**cent** *so(n)* hundred	**mille** *meel* thousand
vif/vive *veef/veev* bright	**vif/vive** *veef/veev* vivid	**foncé/foncée** *fonseh/fonseh* dark	**la compétition** *la kompetee-see-o(n)* competition	**le voyage** *ler vwoy-ash* travel	**la hauteur** *la oh-ter* height
sur *s'yoor* on	**derrière** *dairee-air* behind	**sous** *soo* under	**le câlin** *ler kalan* cuddle	**le bisou** *ler bee-zoo* kiss	**le poids** *ler pwah* weight

A note about boys and girls:

Many of the French words describing jobs or people have both a masculine and feminine version. It is similar to the difference in English between 'actor' and 'actress'. Both words have been included in the word list with 'le' in front of the masculine version and 'la' in front of the feminine version. If there is only one word listed for both then the word is the same for boys and girls.
Where the words are quite different to each other, you will find them separately in the lists with an '(m)' for masculine and '(f)' for feminine after them. Adjectives also come in two forms with the masculine version first followed by the feminine version.

Vocabulaire Word list

voh-lab-oo-*lair*

French/français - English/anglais

à droite right
à gauche left
l'abat-jour lampshade
l'abreuvoir trough
l'abri shelter
l'accident accident
l'aérobic aerobics
l'aéroport airport
les affaires de sport sports kit
l'agneau lamb
l'agriculteur/l'agricultrice farmer
l'algue seaweed
l'allée path
l'alphabet alphabet
l'ambulance ambulance
l'ami/l'amie friend
les amis/les amies friends
l'ananas pineapple
l'animalerie petshop
les animaux animals
l'année year
l'anniversaire birthday
août August
l'appareil de radiographie x-ray machine
l'appartement apartment
l'après-midi afternoon
l'araignée spider
l'arbitre referee
l'arbre tree
l'arbre généalogique family tree
l'arc-en-ciel rainbow
l'argent money
l'argent silver
l'armoire wardrobe
l'arrêt d'autobus bus stop
les arrière-grands-parents great-grandparents
l'arrosoir watering-can
l'artiste artist
l'ascenseur lift
l'aspirateur vacuum cleaner
s'asseoir sitting
l'assiette plate
l'astéroïde asteroid
l'astronaute astronaut
l'athlétisme athletics
l'aubergine aubergine
aujourd'hui today
l'autobus bus

l'automne autumn
l'avion aeroplane
l'avocat/l'avocate lawyer
avril April
le baby-foot table football
le bac à sable sandpit
le badminton badminton
les bagages luggage
la bague ring
la baguette magique magic wand
la baignoire bath
le balai broom
la balançoire swing
la balançoire à bascule see-saw
la baleine whale
la balle ball
les ballerines ballet shoes
le ballon balloon
le ballon beach ball
le ballon de foot football
la banane banana
le banc bench
le bandage bandage
la banque bank
la barbe à papa candyfloss
la barque rowing boat
le basket basketball
le bassin paddling pool
le bateau boat
le bateau ship
le bateau de pêche fishing boat
le bâton stick
le bavoir bib
beau/belle beautiful
le bébé baby
le bébé cygne cygnet
les béquilles crutches
le berger/la bergère shepherd
la bétonnière cement mixer
le beurre butter
la bibliothèque bookshelf
la bibliothèque library
la bicyclette bicycle
le billet ticket
le bip-bip bleeper/pager
les biscuits biscuits
le bisou kiss
le blaireau badger

blanc/blanche white
le blé wheat
bleu/bleue blue
boire drinking
le bois wood
la boîte à bijoux jewellery box
la boîte à lettres postbox
la boîte à outils toolbox
le bol bowl
bon/bonne good
le bonhomme de neige snowman
les bottes boots
les bottes en caoutchouc wellington boots
la bouche mouth
le boucher/la bouchère butcher
la boucherie butcher's
la boue mud
la bouée buoy
la bouée rubber ring
la bougie candle
le boulanger/la boulangère baker
la boulangerie bakery
la bouteille bottle
le bracelet bracelet
la branche branch
le bras arm
la brique brick
la brosse à cheveux hairbrush
la brosse à dents toothbrush
la brouette wheelbarrow
le brouillard fog
bruyant/bruyante noisy
le buffet dresser
le buisson bush
le bulldozer bulldozer
le bureau desk
le bureau office
la cabane shed
la cabane treehouse
le cactus cactus
le cadeau present
le cadre frame
le café café
le café coffee
la cafétéria snack bar

la cage cage
les cailloux stones
la caisse till
le câlin cuddle
calme calm
le caméléon chameleon
le camion lorry
le camion de pompier fire engine
le camion-benne dumper truck
la camionnette van
la campagne countryside
le canapé sofa
le canard duck
le caneton duckling
la canne walking stick
le canoë canoe
la cape cloak
le cardigan cardigan
la carotte carrot
le carré square
le cartable satchel
la carte map
la cascade waterfall
la casquette cap
le casse-croûte snack
la casserole saucepan
le castor beaver
la ceinture belt
le céleri celery
cent hundred
le cercle circle
les céréales cereal
le cerf deer
le cerf-volant kite
la cerise cherry
le cerveau brain
la chaise chair
la chaise haute highchair
la chaise longue deckchair
la chambre bedroom
le champ field
chanter singing
le chantier building site
le chapeau hat
le chapeau de fête party hat
le chariot trolley
le chat cat
le château castle
le château de sable sandcastle
le chaton kitten

55

chaud hot

le chauffeur/ la chauffeuse de taxi taxi-driver

le chauffeur routier lorry driver (m)

les chaussettes socks

les chaussons slippers

les chaussures shoes

les chaussures de football football boots

les chaussures de marche walking boots

la chauve-souris bat

le/la chef de cuisine chef

la chemise shirt

la chemise de nuit nightdress

la chenille caterpillar

le cheval horse

le cheval à bascule rocking horse

le chevalet easel

le chevalier knight

les cheveux hair

la cheville ankle

la chèvre goat

le chevreau kid (baby goat)

le chien dog

le chien de berger sheepdog

le chiot puppy

le chirurgien/la chirurgienne surgeon

le chocolat chocolate

le chou cabbage

le ciel sky

le cinéma cinema

cinq five

les ciseaux scissors

le citron lemon

la clé key

la clôture fence

le clou nail

le coca cola

le cochon pig

le cœur heart

le coffret de tours de magie magic set

le coiffeur/la coiffeuse hairdresser

le coin lecture reading corner

le collant tights

la colle glue

le collier necklace

la colline hill

la comète comet

la commode chest of drawers

la compétition competition

le complexe sportif sports centre

les comprimés tablets

le concombre cucumber

le conducteur/la conductrice de bus bus driver

le conducteur/la conductrice de train train driver

la confiture jam

le continent continent

les contraires opposites

le contrôleur/la contrôleuse ticket collector

le coquetier egg cup

le coquillage shell

le corail coral

le corbeau crow

la corde rope

la corde à sauter skipping rope

le corps body

le costume de super-héros superhero costume

le cou neck

le coude elbow

la couette duvet

les couleurs colours

le couloir corridor

la cour yard

la courgette courgette

courir running

la couronne crown

la course race

le court de tennis tennis court

les cousins/les cousines cousins

le coussin cushion

le couteau knife

la couverture blanket

le crabe crab

le crâne skull

le crayon pencil

les crayons de couleur coloured pencils

la crème solaire suncream

le crocodile crocodile

le croissant crescent

le cube cube

les cubes blocks

la cuillère spoon

la cuisine kitchen

cuisiner cooking

la cuisinière cooker

les cupcakes cupcakes

la cuvette de WC toilet

le cyclindre cylinder

le cygne swan

les cymbales cymbals

danser dancing

le danseur/la danseuse dancer

le dauphin dolphin

décembre December

le dentifrice toothpaste

le/la dentiste dentist

les dents teeth

le dériveur dinghy

dernier/dernière last

derrière behind

les dés dice

dessiner drawing

le dessous de verre coaster

deux two

devant in front of

le diadème tiara

le dictionnaire dictionary

différent/différente different

dimanche Sunday

le directeur/la directrice head teacher

dix ten

dix-huit eighteen

dix-neuf nineteen

dix-sept seventeen

le djinn genie

le doigt finger

le doigt de pied toe

les dominos dominoes

le dos back

le dossier médical chart

la douche shower

douze twelve

le dragon dragon

le drap sheet

le drapeau flag

le DVD DVD

l'eau water

l'éboueur/l'éboueuse refuse collector

l'échafaudage scaffolding

l'écharpe scarf

l'écharpe sling

les échasses stilts

l'échelle ladder

les éclairs lightning

l'école school

les écouteurs headphones

écrire writing

l'écureuil squirrel

l'électricien/l'électricienne electrician

l'éléphant elephant

l'élève pupil

elle she

embrasser kissing

en bonne santé healthy

en colère angry

en désordre messy (person)

s'endormir going to sleep

l'enfant child

l'entraîneur/l'entraîneuse coach

l'entrepreneur/l'entrepreneu du bâtiment builder

les épaules shoulders

l'épave wreck

l'éponge sponge

l'épouvantail scarecrow

l'équipe team

l'escalator escalator

l'escargot snail

l'espace space

l'étal stall

l'été summer

l'étoile star

l'étoile de mer starfish

l'évier sink

l'extraterrestre alien

le facteur postman

faire de la peinture painting

faire des galipettes doing somersaults

faire du vélo cycling

faire l'arbre droit doing a handstand

faire la roue doing a cartwheel

faire un câlin cuddling

la falaise cliff

la famille family

le fauteuil armchair

le fauteuil roulant wheelchair

la fée fairy

la femme chauffeur routier lorry driver (f)

la fenêtre window

la ferme farm

la ferme farmhouse

le ferry ferry

la fête party

le feu fire

la feuille leaf

les feux traffic lights

février February

French/français – English/anglais

la fille daughter
la fille girl
le fils son
la fleur flower
la flûte à bec recorder
le foin hay
foncé/foncée dark
le footballeur/
  la footballeuse footballer
la forêt forest
les formes shapes
la fourchette fork
la fraise strawberry
le frère brother
le frigo fridge
les frites chips
froid cold
le fromage cheese
les fruits fruit
la fusée rocket
la galaxie galaxy
la galerie d'art art gallery
les gants gloves
le garage garage
le garçon boy
le gardien/la gardienne
  de but goalkeeper
le gardien/la gardienne
  de parc park-keeper
le gardien/la gardienne
  de zoo zookeeper
la gare rail station
le gâteau cake
le géant giant
le genou knee
le gilet waistcoat
le gilet de sauvetage life jacket
la girafe giraffe
la glace ice
la glace ice-cream
le globe globe
le gobelet beaker
la gomme rubber
le gorille gorilla
la grand-mère grandmother
le grand-oncle great-uncle
le grand-père grandfather
la grand-tante great-aunt
grand/grande big
les grands-parents
  grandparents
la grange barn
la grêle hail
la grenouille frog
grimper climbing

gris/grise grey
le grizzli grizzly bear
la grue crane
la guitare guitar
la gymnastique gymnastics
la hache axe
la haie hedge
le hamster hamster
les haut-parleurs speakers
l'hélicoptère helicopter
l'herbe grass
heureux/heureuse happy
l'hexagone hexagon
le hibou/la chouette owl
hier yesterday
l'hippopotame hippopotamus
l'hiver winter
le homard lobster
l'hôpital hospital
l'hôtel hotel
l'hôtesse de l'air
  flight attendant (f)
huit eight
il he
l'infirmier/l'infirmière nurse
les instruments instruments
la jambe leg
le jambon ham
janvier January
le jardin garden
le jardinier/la jardinière
  gardener
jaune yellow
le jeu game
le jeu vidéo computer game
jeudi Thursday
jeune young
le joggeur/la joggeuse jogger
la joue cheek
jouer playing
les jouets toys
les jours days
juillet July
juin June
les jumeaux/les jumelles
  twins
les jumelles binoculars
la jungle jungle
la jupe skirt
le jus d'orange orange juice
le jus de fruits fruit juice
le kangourou kangaroo
le kiosque pavilion
le kiwi kiwi
le koala koala

la her
le lac lake
laid/laide ugly
le lait milk
la laitue lettuce
le lampadaire lamp
la lampe de table desk lamp
la langue tongue
la lanterne magique magic
  lamp
le lapin rabbit
le lavabo washbasin
le lave-linge washing machine
se laver having a wash
se laver les dents cleaning
  your teeth
le him
léger/légère light
les légumes vegetables
lent/lente slow
la lettre letter
se lever getting up
la lèvre lip
le lézard lizard
la librairie bookshop
la limonade lemonade
le lion lion
lire reading
le lit bed
le lit de bébé cot
le livre book
le livre de contes storybook
long/longue long
le loup wolf
lourd/lourde heavy
la loutre otter
lundi Monday
la lune moon
les lunettes glasses
les lunettes de natation
  goggles
les lunettes de soleil
  sunglasses
Madame Mrs.
le magasin shelf
le magasin shop
le magasin de jouets toyshop
le magicien/la magicienne
  magician
mai May
le maillot de bain swimming
  costume
la main hand
le maïs corn
la maison home

la maison house
la maison de poupée doll's
  house
le maître/la maîtresse
  teacher
le mal au ventre tummy ache
le mal aux dents toothache
le mal de tête headache
malade ill
la malle trunk
maman mum
mamie grandma
la mangeoire bird feeder
manger eating
la mangue mango
le manteau coat
le manuel textbook
la maquette d'avion model
  aeroplane
le maquillage make-up
le marché market
marcher walking
marcher à quatre pattes
  crawling
mardi Tuesday
la mare pond
les marionnettes puppets
marron brown
mars March
le marteau hammer
le match de foot football
  match
le matin morning
mauvais/mauvaise bad
moi me
le médecin doctor
le médicament medicine
la méduse jellyfish
même same
le menton chin
mercredi Wednesday
la mère mother
les métiers jobs
les meubles furniture
mille thousand
le mini-golf mini-golf
le miroir mirror
les mois months
la moissonneuse-batteuse
  combine harvester
le monde sous-marin under
  the sea
Monsieur Mr.
la montagne mountain
la montre watch

French/français - English/anglais

montrer du doigt pointing
le morse walrus
la moto motorbike
la mouche fly
les mouchoirs en papier tissues
la mouette seagull
mouillé/mouillée wet
le moustique mosquito
le mouton sheep
multicolore multicoloured
le mur wall
le musée museum
la musique music
la natation swimming
la navette spatiale space shuttle
la neige snow
neuf nine
le neveu nephew
le nez nose
la nièce niece
noir/noire black
le nom name
les nombres numbers
le nounours teddy bear
la nourriture food
novembre November
le nuage cloud
la nuit night
l'océan ocean
octobre October
les œufs eggs
l'oie goose
l'oignon onion
l'oiseau bird
l'oncle uncle
les ongles nails
onze eleven
l'opération operation
l'or gold
l'orage storm
l'orange orange (fruit)
orange orange (colour)
l'orbite orbit
l'ordinateur computer
l'oreille ear
l'oreiller pillow
l'os bone
l'ours blanc polar bear
l'ours brun brown bear
oval/ovale oval
l'OVNI UFO
la pagaie paddle
le pain bread
le pain grillé toast

pâle pale
la palette palette
le panda panda
le panier basket
le panneau road sign
le pantalon trousers
papa dad
le papier paper
le papier toilette toilet paper
le papillon butterfly
papy grandpa
le parapluie umbrella
le parasol beach umbrella
le parc park
les parents parents
parler talking
le passage à niveau level crossing
le passage pour piétons pedestrian crossing
les pâtes pasta
la pêche fishing
la pêche peach
le peigne comb
les peintures paints
la pelle spade
la pelleteuse digger
la pelouse lawn
les peluches cuddly toys
la pendule clock
le père father
les perles beads
le perroquet parrot
le petit déjeuner breakfast
le petit train toy train
petit/petite short
petit/petite small
le phare lighthouse
la pharmacie chemist
le pichet d'eau jug of water
le pied foot
la pieuvre octopus
le pigeon pigeon
le/la pilote pilot
le pinceau paintbrush
le ping-pong table tennis
le pingouin penguin
le pique-nique picnic
la piqûre injection
le pirate pirate
la piscine swimming-pool
la piste track
la pizza pizza
le placard cupboard
le plafond ceiling

la plage beach
la planche de surf surfboard
les planètes planets
la plante plant
plein/pleine full
le plombier/la plombière plumber
le plongeoir diving board
le plongeur/la plongeuse diver
la pluie rain
la plume feather
la poche pocket
le poids weight
les points de suture stitches
la poire pear
le poisson fish
la poitrine chest
le policier/la policière police officer
la pomme apple
la pomme de terre potato
le pommier apple tree
le pompier/la pompière firefighter
le poncho poncho
le poney pony
le pont bridge
la pop star popstar
le porcelet piglet
le port port
le portable laptop
le portable mobile phone
le portail gate
la porte door
le porte-conteneurs container ship
le porte-monnaie purse
porter carrying
la poste post office
le poster/l'affiche poster
le pot de fleurs plant pot
le potager vegetable garden
le poteau indicateur signpost
la poubelle bin
le poulain foal
la poule chicken
le poulet chicken (to eat)
les poumons lungs
la poupée doll
pousser pushing
la poussette pushchair
le poussin chick

premier/première first
le prince prince
la princesse princess
le printemps spring
propre clean
le pull jumper
le puzzle jigsaw
le pyjama pyjamas
la pyramide pyramid
le quad quadbike
le quai platform
quatorze fourteen
quatre four
quinze fifteen
la radio radio
la radio x-ray
les rails rails
les raisins grapes
la rame oar
rapide fast
la raquette racket
le rat rat
le râteau rake
le raton laveur racoon
le rectangle rectangle
le récupérateur d'eau de pluie water butt
regarder la télé watching TV
la règle ruler
la reine queen
la remorque trailer
le renard fox
le renne reindeer
le repas meal
le repose-pieds footstool
le requin shark
le restaurant restaurant
le réveil alarm clock
le rhinocéros rhinoceros
les rideaux curtains
la rivière river
le riz rice
la robe dress
la robe de bal party dress
le robot robot
le rocher rock
le roi king
les rollers rollerblades
le rond-point roundabout
rose pink
rouge red
la ruche beehive
la rue road
le ruisseau stream
le sable sand

French/français – English/anglais

le sac bag
le sac sack
le sac à dos rucksack
le sac à main handbag
le sac à provisions shopping bag
le sac de sport sports kit
la sacoche du postier postbag
les saisons seasons
la salade salad
sale dirty
la salle à manger dining room
la salle d'attente waiting-room
la salle d'opération operating theatre
la salle de bains bathroom
la salle de classe classroom
le salon sitting room
samedi Saturday
les sandales sandals
le sandwich sandwich
le sans-gêne party blower
le satellite satellite
les saucisses sausages
le sauna sauna
le saut en hauteur high jump
le saut en longueur long jump
sauter jumping
le savon soap
le scarabée beetle
la scie saw
le/la scientifique scientist
la sculpture sculpture
le seau bucket
sec/sèche dry
le/la secrétaire secretary
seize sixteen
sept seven
septembre September
le serpent snake
le serpentin streamer
la serre greenhouse
la serviette napkin
la serviette towel
le shampooing shampoo
le short shorts
le siège seat
le sifflet whistle
la signalisation signal
silencieux/silencieuse quiet

le singe monkey
la sirène mermaid
six six
le ski skiing
les skis skis
le slip pants
la sœur sister
soigné/soignée tidy
le sol floor
le soleil sun
la sorcière witch
la soucoupe saucer
la souris mouse
sous under
le sparadrap plaster
la sphère sphere
le sport sport
le squelette skeleton
le starting-block starting block
la station-service petrol station
le stéthoscope stethoscope
le steward flight attendant (m)
la structure de grimpe climbing frame
le stylo pen
la sucette lollipop
le supermarché supermarket
sur on
le surfeur/la surfeuse surfer
le suricate meerkat
le surveillant/la surveillante de baignade lifeguard
la table table
la table de chevet bedside table
le tableau painting
le tableau picture
le tableau blanc whiteboard
le tableau d'affichage scoreboard
la tablette tablet
le tablier apron
le tabouret stool
les taches stains
la taille height
le tambour drum
la tante aunt
le tapis mat
le tapis rug
le tas de compost compost heap
la tasse cup

le tee-shirt T-shirt
la télécommande remote control
le téléphone telephone
la télévision television
le temps weather
se tenir debout standing
le tennis tennis
la tente tent
le terrain de camping campsite
le terrain de jeux playground
la Terre Earth
le terrier burrow
le têtard tadpole
la tête head
le thé tea
la théière teapot
le thermomètre thermometer
le tigre tiger
tirer pulling
le toboggan slide
les toilettes toilets
la tomate tomato
la tondeuse lawnmower
le torchon tea towel
la tornade tornado
le tracteur tractor
le train train
transparent transparent
les transports transport
treize thirteen
le triangle triangle
le tricycle tricycle
les triplets/les triplettes triplets
triste sad
trois three
la trompette trumpet
le tronc d'arbre log
le trottoir pavement
le trou de souris mouse hole
la truelle trowel
tu/vous you
le tube tube
le tunnel tunnel
turquoise turquoise
le tuyau hose
un one
l'usine factory
les vacances holiday
la vache cow
la vague wave

la vaisselle washing-up
la valise suitcase
le vase vase
le veau calf
les véhicules vehicles
le vendeur/la vendeuse sales assistant
vendredi Friday
le vent wind
le ventre tummy
le ver de terre worm
le verger orchard
le vernis à ongles nail varnish
le verre glass
vert/verte green
la veste jacket
le vestiaire changing-room
les vêtements clothes
le/la vétérinaire vet
vide empty
vieux/vieille old
vif/vive bright
vif/vive vivid
le vignoble vineyard
la ville town
vingt twenty
violet/violette purple
violet/violette violet
le violon violin
le visage face
les visiteurs visitors
la voiture car
la voiture de police police car
le volant shuttlecock
la volière aviary
le voyage travel
le VTT mountain bike
le wok wok
le xylophone xylophone
le yacht yacht
le yaourt yogurt
les yeux eyes
le yoga yoga
le zèbre zebra
le zoo zoo

English/anglais - French/français

accident l'accident
aerobics l'aérobic
aeroplane l'avion
afternoon l'après-midi
airport l'aéroport
alarm clock le réveil
alien l'extraterrestre
alphabet l'alphabet
ambulance l'ambulance
angry en colère
animals les animaux
ankle la cheville
apartment l'appartement
apple la pomme
apple tree le pommier
April avril
apron le tablier
arm le bras
armchair le fauteuil
art gallery la galerie d'art
artist l'artiste
asteroid l'astéroïde
astronaut l'astronaute
athletics l'athlétisme
aubergine l'aubergine
August août
aunt la tante
autumn l'automne
aviary la volière
axe la hache
baby le bébé
back le dos
bad mauvais/mauvaise
badger le blaireau
badminton le badminton
bag le sac
baker le boulanger/
  la boulangère
bakery la boulangerie
ball la balle
ballet shoes les ballerines
balloon le ballon
banana la banane
bandage le bandage
bank la banque
barn la grange
basket le panier
basketball le basket
bat la chauve-souris
bath la baignoire
bathroom la salle de bains
beach la plage
beach ball le ballon
beach umbrella le parasol
beads les perles

beaker le gobelet
beautiful beau/belle
beaver le castor
bed le lit
bedroom la chambre
bedside table la table
  de chevet
beehive la ruche
beetle le scarabée
behind derrière
belt la ceinture
bench le banc
bib le bavoir
bicycle la bicyclette
big grand/grande
bin la poubelle
binoculars les jumelles
bird l'oiseau
bird feeder la mangeoire
birthday l'anniversaire
biscuits les biscuits
black noir/noire
blanket la couverture
bleeper/pager le bip-bip
blocks les cubes
blue bleu/bleue
boat le bateau
body le corps
bone l'os
book le livre
bookshelf la bibliothèque
bookshop la librairie
boots les bottes
bottle la bouteille
bowl le bol
boy le garçon
bracelet le bracelet
brain le cerveau
branch la branche
bread le pain
breakfast le petit déjeuner
brick la brique
bridge le pont
bright vif/vive
broom le balai
brother le frère
brown marron
brown bear l'ours brun
bucket le seau
builder l'entrepreneur/
  l'entrepreneuse du bâtiment
building site le chantier
bulldozer le bulldozer
buoy la bouée
burrow le terrier

bus l'autobus
bus driver le conducteur/
  la conductrice de bus
bus stop l'arrêt d'autobus
bush le buisson
butcher le boucher/
  la bouchère
butcher's la boucherie
butter le beurre
butterfly le papillon
cabbage le chou
cactus le cactus
café le café
cage la cage
cake le gâteau
calf le veau
calm calme
campsite le terrain
  de camping
candle la bougie
candyfloss la barbe à papa
canoe le canoë
cap la casquette
car la voiture
cardigan le cardigan
carrot la carotte
carrying porter
castle le château
cat le chat
caterpillar la chenille
ceiling le plafond
celery le céleri
cement mixer la bétonnière
cereal les céréales
chair la chaise
chameleon le caméléon
changing-room le vestiaire
chart le dossier médical
cheek la joue
cheese le fromage
chef le/la chef de cuisine
chemist la pharmacie
cherry la cerise
chest la poitrine
chest of drawers
  la commode
chick le poussin
chicken la poule
chicken (to eat) le poulet
child l'enfant
chin le menton
chips les frites
chocolate le chocolat
cinema le cinéma
circle le cercle

classroom la salle de classe
clean propre
cleaning your teeth se laver
  les dents
cliff la falaise
climbing grimper
climbing frame la structure
  de grimpe
cloak la cape
clock la pendule
clothes les vêtements
cloud le nuage
coach l'entraîneur/
  l'entraîneuse
coaster le dessous de verre
coat le manteau
coffee le café
cola le coca
cold froid
colours les couleurs
comb le peigne
combine harvester
  la moissonneuse-batteuse
comet la comète
competition la compétition
compost heap le tas
  de compost
computer l'ordinateur
container ship
  le porte-conteneurs
continent le continent
cooker la cuisinière
cooking cuisiner
coral le corail
corn le maïs
corridor le couloir
cot le lit de bébé
coloured pencils les crayons
  de couleur
countryside la campagne
courgette la courgette
cousins les cousins/
  les cousines
cow la vache
crab le crabe
crane la grue
crawling marcher à
  quatre pattes
crescent le croissant
crocodile le crocodile
crow le corbeau
crown la couronne
crutches les béquilles
cube le cube
cucumber le concombre

English/anglais - French/français

cuddly toys les peluches
cup la tasse
cupboard le placard
cupcakes les cupcakes
curtains les rideaux
cushion le coussin
cycling faire du vélo
cygnet le bébé cygne
cylinder le cyclindre
cymbals les cymbales
dad papa
dancer le danseur/la danseuse
dancing danser
dark foncé/foncée
daughter la fille
days les jours
December décembre
deckchair la chaise longue
deer le cerf
dentist le/la dentiste
desk le bureau
desk lamp la lampe de table
dice les dés
dictionary le dictionnaire
different différent/différente
digger la pelleteuse
dinghy le dériveur
dining room la salle à manger
dirty sale
diver le plongeur/la plongeuse
diving board le plongeoir
doctor le médecin
dog le chien
doing a cartwheel faire la roue
doing a handstand faire
   l'arbre droit
doing somersaults faire
   des galipettes
doll la poupée
doll's house la maison
   de poupée
dolphin le dauphin
dominoes les dominos
door la porte
dragon le dragon
drawing dessiner
dress la robe
dresser le buffet
drinking boire
drum le tambour
dry sec/sèche
duck le canard
duckling le caneton
dumper truck
   le camion-benne

duvet la couette
DVD le DVD
ear l'oreille
Earth la Terre
easel le chevalet
eating manger
eggs les œufs
egg cup le coquetier
eight huit
eighteen dix-huit
elbow le coude
electrician l'électricien/
   l'électricienne
elephant l'éléphant
eleven onze
empty vide
escalator l'escalator
eyes les yeux
face le visage
factory l'usine
fairy la fée
family la famille
family tree l'arbre
   généalogique
farm la ferme
farmer l'agriculteur/
   l'agricultrice
farmhouse la ferme
fast rapide
father le père
feather la plume
February février
fence la clôture
ferry le ferry
field le champ
fifteen quinze
finger le doigt
fire le feu
fire engine le camion
   de pompier
firefighter le pompier/
   la pompière
first premier/première
fish le poisson
fishing la pêche
fishing boat le bateau
   de pêche
five cinq
flag le drapeau
flight attendant (f) l'hôtesse
   de l'air
flight attendant (m)
   le steward
floor le sol
flower la fleur

fly la mouche
foal le poulain
fog le brouillard
food la nourriture
foot le pied
football le ballon de foot
football boots les chaussures
   de football
football match le match
   de foot
footballer le footballeur/
   la footballeuse
footstool le repose-pieds
forest la forêt
fork la fourchette
four quatre
fourteen quatorze
fox le renard
frame le cadre
Friday vendredi
fridge le frigo
friend l'ami/l'amie
friends les amis/les amies
frog la grenouille
fruit les fruits
fruit juice le jus de fruits
full plein/pleine
furniture les meubles
galaxy la galaxie
game le jeu
garage le garage
garden le jardin
gardener le jardinier/
   la jardinière
gate le portail
genie le djinn
getting up se lever
giant le géant
giraffe la girafe
girl la fille
glass le verre
glasses les lunettes
globe le globe
gloves les gants
glue la colle
goalkeeper le gardien/
   la gardienne de but
goat la chèvre
goggles
   les lunettes de natation
going to sleep s'endormir
gold l'or
good bon/bonne
goose l'oie
gorilla le gorille

grandfather le grand-père
grandma mamie
grandmother la grand-mère
grandpa papy
grandparents
   les grands-parents
grapes les raisins
grass l'herbe
great-aunt la grand-tante
great-grandparents
   les arrière-grands-parents
great-uncle le grand-oncle
green vert/verte
greenhouse la serre
grey gris/grise
grizzly bear le grizzli
guitar la guitare
gymnastics la gymnastique
hail la grêle
hair les cheveux
hairbrush la brosse à cheveux
hairdresser le coiffeur/
   la coiffeuse
ham le jambon
hammer le marteau
hamster le hamster
hand la main
handbag le sac à main
happy heureux/heureuse
hat le chapeau
having a wash se laver
hay le foin
he il
head la tête
head teacher le directeur/
   la directrice
headache le mal de tête
headphones les écouteurs
healthy en bonne santé
heart le cœur
heavy lourd/lourde
hedge la haie
height la taille
helicopter l'hélicoptère
her la
hexagon l'hexagone
high jump le saut en hauteur
highchair la chaise haute
hill la colline
him le
hippopotamus l'hippopotame
holiday les vacances
home la maison
horse le cheval
hose le tuyau

hospital l'hôpital
hot chaud
hotel l'hôtel
house la maison
cuddle le câlin
cuddling faire un câlin
hundred cent
ice la glace
ice-cream la glace
ill malade
in front of devant
injection la piqûre
instruments les instruments
jacket la veste
jam la confiture
January janvier
jellyfish la méduse
jewellery box la boîte à bijoux
jigsaw le puzzle
jobs les métiers
jogger le joggeur/la joggeuse
jug of water le pichet d'eau
July juillet
jumper le pull
jumping sauter
June juin
jungle la jungle
kangaroo le kangourou
key la clé
kid (baby goat) le chevreau
king le roi
kiss le bisou
kissing embrasser
kitchen la cuisine
kite le cerf-volant
kitten le chaton
kiwi le kiwi
knee le genou
knife le couteau
knight le chevalier
koala le koala
ladder l'échelle
lake le lac
lamb l'agneau
lamp le lampadaire
lampshade l'abat-jour
laptop le portable
last dernier/dernière
lawn la pelouse
lawnmower la tondeuse
lawyer l'avocat/l'avocate
leaf la feuille
left à gauche
leg a jambe
lemonade la limonade

lemon le citron
letter la lettre
lettuce la laitue
level crossing le passage
    à niveau
library la bibliothèque
life jacket le gilet de sauvetage
lifeguard le surveillant/
    la surveillante de baignade
lift l'ascenseur
light léger/légère
lighthouse le phare
lightning les éclairs
lion le lion
lip la lèvre
lizard le lézard
lobster le homard
log le tronc d'arbre
lollipop la sucette
long long/longue
long jump le saut en longueur
lorry le camion
lorry driver (m) le chauffeur
    routier
lorry driver (f) la femme
    chauffeur routier
luggage les bagages
lungs les poumons
magic lamp la lanterne
    magique
magic set le coffret de tours
    de magie
magic wand la baguette
    magique
magician le magicien/
    la magicienne
make-up le maquillage
mango la mangue
map la carte
March mars
market le marché
mat le tapis
May mai
me moi
meal le repas
medicine le médicament
meerkat le suricate
mermaid la sirène
messy (person) en désordre
milk le lait
mini-golf le mini-golf
mirror le miroir
mobile phone le portable
model aeroplane
    la maquette d'avion

Monday lundi
money l'argent
monkey le singe
months les mois
moon la lune
morning le matin
mosquito le moustique
mother la mère
motorbike la moto
mountain la montagne
mountain bike le VTT
mouse la souris
mouse hole le trou de souris
mouth la bouche
Mr. Monsieur
Mrs. Madame
mud la boue
multicoloured multicolore
mum maman
museum le musée
music la musique
nail le clou
nail varnish le vernis à ongles
nails les ongles
name le nom
napkin la serviette
neck le cou
necklace le collier
nephew le neveu
niece la nièce
night la nuit
nightdress la chemise
    de nuit
nine neuf
nineteen dix-neuf
noisy bruyant/bruyante
nose le nez
November novembre
numbers les nombres
nurse l'infirmier/l'infirmière
oar la rame
ocean l'océan
October octobre
octopus la pieuvre
office le bureau
old vieux/vieille
on sur
one un
onion l'oignon
operating theatre la salle
    d'opération
operation l'opération
opposites les contraires
orange (colour) orange
orange (fruit) l'orange

orange juice le jus d'orange
orbit l'orbite
orchard le verger
otter la loutre
oval oval/ovale
owl le hibou/la chouette
paddle la pagaie
paddling pool le bassin
paintbrush le pinceau
painting faire de la peinture
painting le tableau
paints les peintures
pale pâle
palette la palette
panda le panda
pants le slip
paper le papier
parents les parents
park le parc
park-keeper le gardien/
    la gardienne de parc
parrot le perroquet
party la fête
party blower le sans-gêne
party dress la robe de bal
party hat le chapeau de fête
pasta les pâtes
path l'allée
pavement le trottoir
pavilion le kiosque
peach la pêche
pear la poire
pedestrian crossing
    le passage pour piétons
pen le stylo
pencil le crayon
penguin le pingouin
petrol station la station-servic
petshop l'animalerie
picnic le pique-nique
picture le tableau
pig le cochon
pigeon le pigeon
piglet le porcelet
pillow l'oreiller
pilot le/la pilote
pineapple l'ananas
pink rose
pirate le pirate
pizza la pizza
planets les planètes
plant la plante
plant pot le pot de fleurs
plaster le sparadrap
plate l'assiette

platform le quai
playground le terrain de jeux
playing jouer
plumber le plombier/ la plombière
pocket la poche
pointing montrer du doigt
polar bear l'ours blanc
police car la voiture de police
police officer le policer/ la policière
poncho le poncho
pond la mare
pony le poney
popstar la pop star
port le port
post office la poste
postbag la sacoche du postier
postbox la boîte à lettres
poster le poster/l'affiche
postman le facteur
potato la pomme de terre
present le cadeau
prince le prince
princess la princesse
pulling tirer
pupil l'élève
puppets les marionnettes
puppy le chiot
purple violet/violette
purse le porte-monnaie
pushchair la poussette
pushing pousser
pyjamas le pyjama
pyramid la pyramide
quadbike le quad
queen la reine
quiet silencieux/silencieuse
rabbit le lapin
race la course
racket la raquette
racoon le raton laveur
radio la radio
rail station la gare
rails les rails
rain la pluie
rainbow l'arc-en-ciel
rake le râteau
rat le rat
reading lire
reading corner le coin lecture
recorder la flûte à bec
rectangle le rectangle
red rouge

referee l'arbitre
refuse collector l'éboueur/ l'éboueuse
reindeer le renne
remote control la télécommande
restaurant le restaurant
rhinoceros le rhinocéros
rice le riz
right à droite
ring la bague
river la rivière
road sign le panneau
road la rue
robot le robot
rock le rocher
rocket la fusée
rocking horse le cheval à bascule
rollerblades les rollers
rope la corde
roundabout le rond-point
rowing boat la barque
rubber ring la bouée
rubber la gomme
rucksack le sac à dos
rug le tapis
ruler la règle
running courir
sack le sac
sad triste
salad la salade
sales assistant le vendeur/ la vendeuse
same même
sand le sable
sandals les sandales
sandcastle le château de sable
sandpit le bac à sable
sandwich le sandwich
satchel le cartable
satellite le satellite
Saturday samedi
saucepan la casserole
saucer la soucoupe
sauna le sauna
sausages les saucisses
saw la scie
scaffolding l'échafaudage
scarecrow l'épouvantail
scarf l'écharpe
school l'école
scientist le/la scientifique
scissors les ciseaux

scoreboard le tableau d'affichage
sculpture la sculpture
seagull la mouette
seasons les saisons
seat le siège
seaweed l'algue
secretary le/la secrétaire
see-saw la balançoire à bascule
September septembre
seven sept
seventeen dix-sept
shampoo le shampooing
shapes les formes
shark le requin
she elle
shed la cabane
sheep le mouton
sheepdog le chien de berger
sheet le drap
shelf le magasin
shell le coquillage
shelter l'abri
shepherd le berger/la bergère
ship le bateau
shirt la chemise
shoes les chaussures
shop le magasin
shopping bag le sac à provisions
short petit/petite
shorts le short
shoulders les épaules
shower la douche
shuttlecock le volant
signal la signalisation
signpost le poteau indicateur
silver l'argent
singing chanter
sink l'évier
sister la sœur
sitting s'asseoir
sitting room le salon
six six
sixteen seize
skeleton le squelette
skiing le ski
skipping rope la corde à sauter
skirt la jupe
skis les skis
skull le crâne
sky le ciel
slide le toboggan
sling l'écharpe

slippers les chaussons
slow lent/lente
small petit/petite
snack le casse-croûte
snack bar la cafétéria
snail l'escargot
snake le serpent
snow la neige
snowman le bonhomme de neige
soap le savon
socks les chaussettes
sofa le canapé
son le fils
space l'espace
space shuttle la navette spatiale
spade la pelle
speakers les haut-parleurs
sphere la sphère
spider l'araignée
sponge l'éponge
spoon la cuillère
sport le sport
sports bag le sac de sport
sports centre le complexe sportif
sports kit les affaires de sport
spring le printemps
square le carré
squirrel l'écureuil
stains les taches
stall l'étal
standing se tenir debout
star l'étoile
starfish l'étoile de mer
starting block le starting-block
stethoscope le stéthoscope
stick le bâton
stilts les échasses
stitches les points de suture
stones les cailloux
stool le tabouret
storm l'orage
storybook le livre de contes
strawberry la fraise
stream le ruisseau
streamer le serpentin
suitcase la valise
summer l'été
sun le soleil
suncream la crème solaire
Sunday dimanche

English/anglais - French/français

sunglasses les lunettes de soleil
superhero costume le costume de super-héros
supermarket le supermarché
surfboard la planche de surf
surfer le surfeur/la surfeuse
surgeon le chirurgien/la chirurgienne
swan le cygne
swimming la natation
swimming costume le maillot de bain
swimming-pool la piscine
swing la balançoire
table la table
table football le baby-foot
table tennis le ping-pong
tablet la tablette
tablets les comprimés
tadpole le têtard
talking parler
taxi-driver le chauffeur/la chauffeuse de taxi
tea le thé
tea towel le torchon
teacher le maître/la maîtresse
team l'équipe
teapot la théière
teddy bear le nounours
teeth les dents
telephone le téléphone
television la télévision
ten dix
tennis le tennis
tennis court le court de tennis
tent la tente
textbook le manuel
thermometer le thermomètre
thirteen treize
thousand mille
three trois
Thursday jeudi
tiara le diadème
ticket le billet
ticket collector le contrôleur/la contrôleuse
tidy soigné/soignée
tiger le tigre
tights le collant
till la caisse
tissues les mouchoirs en papier
toast le pain grillé

today aujourd'hui
toe le doigt de pied
toilet la cuvette de WC
toilet paper le papier toilette
toilets les toilettes
tomato la tomate
tongue la langue
toolbox la boîte à outils
toothache le mal aux dents
toothbrush la brosse à dents
toothpaste le dentifrice
tornado la tornade
towel la serviette
town la ville
toy train le petit train
toys les jouets
toyshop le magasin de jouets
track la piste
tractor le tracteur
traffic lights les feux
trailer la remorque
train le train
train driver le conducteur/la conductrice de train
transparent transparent
transport les transports
travel le voyage
tree l'arbre
treehouse la cabane
triangle le triangle
tricycle le tricycle
triplets les triplets/les triplettes
trolley le chariot
trough l'abreuvoir
trousers le pantalon
trowel la truelle
trumpet la trompette
trunk la malle
T-shirt le tee-shirt
tube le tube
Tuesday mardi
tummy le ventre
tummy ache le mal au ventre
tunnel le tunnel
turquoise turquoise
twelve douze
twenty vingt
twins les jumeaux/les jumelles
two deux
UFO l'OVNI
ugly laid/laide
umbrella le parapluie
uncle l'oncle
under sous

under the sea le monde sous-marin
vacuum cleaner l'aspirateur
van la camionnette
vase le vase
vegetable garden le potager
vegetables les légumes
vehicles les véhicules
vet le/la vétérinaire
vineyard le vignoble
violet violet/violette
violin le violon
visitors les visiteurs
vivid vif/vive
waistcoat le gilet
waiting-room la salle d'attente
walking marcher
walking boots les chaussures de marche
walking stick la canne
wall le mur
walrus le morse
wardrobe l'armoire
washbasin le lavabo
washing machine le lave-linge
washing-up la vaisselle
watch la montre
watching TV regarder la télé
water l'eau
water butt le récupérateur d'eau de pluie
waterfall la cascade
watering-can l'arrosoir
wave la vague
weather le temps
Wednesday mercredi
weight le poids
wellington boots les bottes en caoutchouc
wet mouillé/mouillée
whale la baleine
wheat le blé
wheelbarrow la brouette
wheelchair le fauteuil roulant
whistle le sifflet
white blanc/blanche
whiteboard le tableau blanc
wind le vent
window la fenêtre
winter l'hiver
witch la sorcière
wok le wok
wolf le loup
wood le bois
worm le ver de terre

wreck l'épave
writing écrire
x-ray la radio
x-ray machine l'appareil de radiographie
xylophone le xylophone
yacht le yacht
yard la cour
year l'année
yellow jaune
yesterday hier
yoga le yoga
yogurt le yaourt
you tu/vous
young jeune
zebra le zèbre
zoo le zoo
zookeeper le gardien/la gardienne de zoo

Published by b small publishing ltd.
Text and illustrations © b small publishing ltd. 2014

1 2 3 4 5 6 7 8 9 10

All rights reserved.

British Library Cataloguing-in-Publication Data
A catalogue record for this book is available from the British Library.

Illustrations: Stu McLellan
Design: Louise Millar
Editorial: Sam Hutchinson and Susan Martineau
French adviser: Marie-Thérèse Bougard
Pronunciation guides: Catherine Bruzzone
Production: Madeleine Ehm
Printed in China by WKT Co. Ltd.

ISBN 978-1-909767-59-1

Please visit our website if you would like to contact us.
www.bsmall.co.uk